MONTAÑAS

BIBLIOTECA GRÁFICA

MONTAÑAS

Norman Barrett

Franklin Watts

Londres   Nueva York   Sydney   Toronto

First Spanish language edition
published in the USA in 1991 by
Franklin Watts, Inc.
387 Park Avenue South
New York, NY 10016

Spanish translation copyright © 1991
by Franklin Watts, Inc.

ISBN: 0-531-07923-6
Library of Congress Catalog Card
Number 90-71419

English language edition © 1989
by Franklin Watts Ltd

Printed in Italy

Designed by
Barrett & Weintroub

Photographs by
Arizona Office of Tourism
Australian Overseas Information
   Service, London
N.S. Barrett
Crater Lake Natural History
   Association (artist Paul Rockwood)
French Government Tourist Office
GeoScience Features
Nick Howarth
Remote Source
South American Pictures
Sólarfilma
Survival Anglia
Tourism Canada
Travel Montana
Xinhua News Agency

Illustrations by
Rhoda & Robert Burns

Technical Consultant
Keith Lye

Contenido

Introducción

Las montañas son unas de las maravillas más impresionantes y bellas del mundo natural. En algunas partes del mundo, la geografía está dominada por grandes cordilleras que condicionan el clima de vastas áreas.

Hay montañas en todos los continentes. Las cordilleras más altas están en Asia. También hay montañas en el fondo del oceáno, muchas de las cuales se levantan por encima del mar y forman islas.

△ El sol poniente le da un colorido resplandor a los picos del Monte Everest, la montaña más alta del mundo. En las faldas más bajas de estas montañas crecen árboles, pero los picos están cubiertos de hielo y nieve.

Hay gente que vive en las montañas o en los valles formados por ellas. Cuanto más alta es una montaña, más enrarecido se pondrá el aire y hará más frío.

Las cumbres de las grandes montañas están siempre cubiertas de nieve, aun en soleados días de verano. No pueden crecer plantas más arriba de cierta altura. Pocos animales, aparte de insectos y arañas, pueden vivir en el frío glacial de los picos nevados.

△ Un yak, un buey salvaje del Asia, pastorea en las alturas de la cordillera del Himalaya. Protegido del frío por su pelo largo y tupido, el yak se adapta muy bien a las condiciones de vida de la montaña. A pesar de su tamaño, es un ágil trepador.

7

Una mirada a las montañas

Principales cordilleras del mundo

1. La Cordillera de Alaska
2. Las Montañas Rocosas
3. La Sierra Nevada
4. Los Apalaches
5. Los Andes
6. Los Montes o Alpes Escandinavos
7. Los Alpes
8. Los Pirineos
9. Los Montes Atlas
10. Las Montañas de Etiopía
11. La Cordillera de Drakensberg
12. La Cordillera del Cáucaso
13. Los Montes Urales
14. La Cordillera del Himalaya
15. La Cordillera Australiana

Fomación de las montañas

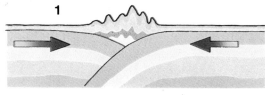

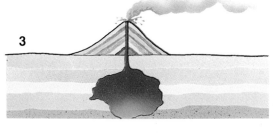

Placas

Fallas

Magma

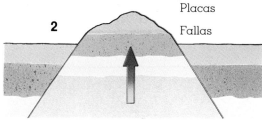

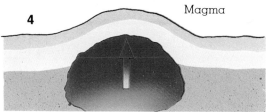

Las montañas se forman de diferentes maneras, normalmente en períodos muy largos. Las montañas plegadas (1) son empujadas hacia arriba por los movimientos de grandes secciones de la corteza terrestre llamadas placas. Las montañas de bloque (2) se forman cuando ocurren en la corteza terrestres unas fracturas llamadas fallas. Los volcanes (3) aparecen cuando roca fundida llamada magma hace erupsión a través de la superficie terrestre. Las montañas de domo (4) se forman cuando las capas superiores de la tierra son empujadas hacia arriba por el magma que asciende.

Cómo el clima cambia con la altura

El clima de una montaña cambia de acuerdo a su altura sobre el nivel del mar. Cerca del ecuador, una montaña tiene una variedad de climas, desde polar en la cima hasta tropical en su base.

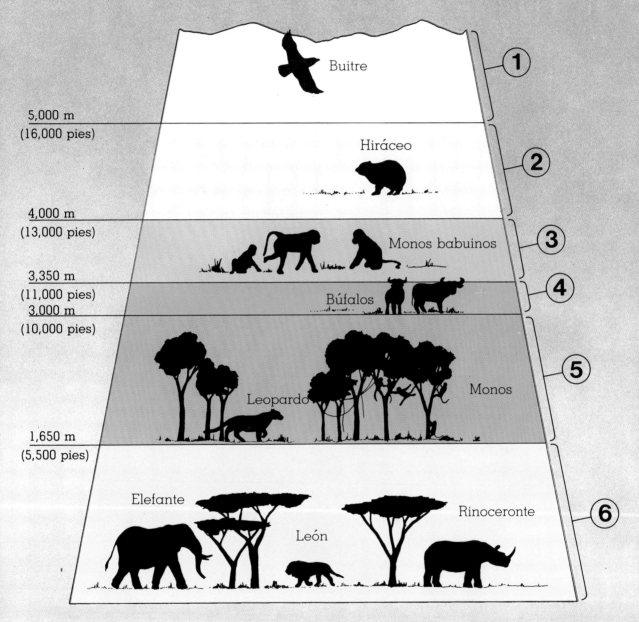

1 Clima polar - nieve y hielo permanentes

2 Tundra alpina - desierto frío y desolado de poca lluvia

3 Páramos de altiplanicie, como una pradera templada

4 Prados de altiplanicie - pastos altos

5 Selva alta - árboles densos y fuertes lluvias

6 Sabana - árboles dispersos en prados cultivados

9

Tipos de montañas

Las montañas se clasifican de acuerdo a la manera como se forman. Son creadas, de diversas maneras, por los movimientos de las placas de la corteza terrestre, generalmente durante un período muy largo.

Algunas montañas son formadas por plegamientos. Presiones enormes hacen que las rocas se plieguen y formen montañas. La mayoría de las grandes cadenas de montañas del mundo, tales como la Cordillera del Himalaya, las Montañas Rocosas y los Alpes, fueron creadas de esta manera.

△ Los Alpes se encuentran entre las montañas plegadas más jóvenes del mundo. Se comenzaron a formar hace unos 25 millones de años.

Las montañas de bloque, o de bloque de falla, se forman cuando la corteza terrestre se quiebra. Grandes bloques se mueven para arriba o para abajo a lo largo de estas fracturas o fallas en la superficie terrestre. Algunas veces, se forma un valle amurallado con montañas muy empinadas a ambos lados.

Roca fundida proveniente de debajo de la corteza terrestre también crea montañas. Esta roca fundida, o magma, arquea hacia arriba las rocas que se encuentran sobre ella y forma montañas de cúpula o domo.

▽ **La Sierra Nevada en California es un ejemplo de montañas de bloque; se formó cuando un bloque de terreno fue empujado hacia arriba a lo largo de fallas de la corteza terrestre.**

Las montañas volcánicas se forman cuando el magma llega a la superficie terrestre. Tienen varias formas, dependiendo de la fuerza esplosiva de la erupción y de las materias que fueron arrojadas.

Los volcanes se forman en grupos o por separado. Hay volcanes en la tierra y en el lecho del mar. Algunos volcanes se levantan sobre el mar para formar islas.

△ Las montañas Cumbrian, en la Región de los Lagos de Inglaterra, son un ejemplo de montañas de domo. Fueron impulsadas hacia arriba por el magma, que luego se enfrió y endureció.

▷ El Cotopaxi, en
Ecuador, es uno de los
volcanes activos más
grandes del mundo.
Cuando entra en
erupción, lava derretida
y ceniza caliente se
amontonan en sus
costados dándole la
forma de cono.

▽ Una erupción
volcánica en el fondo
del océano cerca de
Islandia, que empezó en
1963, formó la isla de
Surtsey.

El techo del mundo

Las montañas de la Cordillera del Himalaya, en Asia, son las más altas del mundo. Ocupan una extensa área entre el norte de la India y el Tibet. Una buena parte del reino del Nepal se encuentra en el Himalaya.

Esta región es frecuentemente conocida como "El techo del mundo". La cadena principal tiene un promedio de altura de 6,000 m (20,000 pies), con varios picos por encima de los 8,000 m (26,000 pies).

△ Un monasterio en las alturas del Himalaya, donde los picos más altos están permanentemente cubiertos de nieve.

▷ El Monte Everest, la montaña más alta del mundo, está a 8,848 m (29,029 pies) sobre el nivel del mar.

14

Otras cordilleras

Fuera de Asia, las cordilleras más grandes se encuentran en la parte occidental de América. Las Montañas Rocosas se extienden desde el Yukon, en el norte de Canadá, hasta Nuevo México, en el Sur de los Estados Unidos. Los Andes se extienden a lo largo de América del Sur.

Las montañas siempre ofrecen paisajes espectaculares en todos los otros continentes.

△ Un glaciar en los Alpes franceses. Estos ríos de hielo se encuentran en regiones montañosas frías.

▷ Las escarpadas montañas Tenton, una cadena de las Montañas Rocosas en el noroeste de Wyoming.

▽ El hermoso lago Louise está situado en las alturas de las Montañas Rocosas del Canadá, en el sur de Alberta.

△ La Cordillera Real, una cadena de los Andes que rodea el Lago Titicaca, en América del Sur.

◁ Estas extrañas pero hermosas montañas se levantan sobre las orillas del río Li, cerca de Guilin, en el sureste de China.

▷ Las Tres Hermanas, una vista excepcional de las Montañas Azules, en Australia. Esta cadena forma parte de la Cordillera Australiana, extendida a lo largo de la costa este del continente.

La vida de las montañas

Los animales que viven en las montañas se han adaptado a la naturaleza escarpada del terreno. Las cabras salvajes y las ovejas de las montañas tienen almohadillas blandas en sus pezuñas que los ayudan a trepar y a descender por rocas y precipicios.

Los mamíferos más pequeños hibernan en el invierno o almacenan comida. Los despeñaderos proveen a muchos pájaros de buenos lugares para hacer sus nidos.

▽ Un íbice en los Alpes franceses. El íbice es una cabra salvaje del monte que se encuentra en los Alpes europeos y en el Himalaya.

La vida vegetal en la montaña varía de acuerdo a la altura y a la temperatura. En las montañas más altas hay una franja límite de las nieves perpetuas sobre la cual no crece nada.

Debajo de ella hay una zona fría donde sólo pueden crecer musgo, líquenes y los pastos más resistentes. Más abajo está la zona de árboles de hojas perennes y, luego, la de árboles de hojas caducas.

Las flores pueden florecer donde los árboles no pueden crecer. Brotan muy alto en las faldas de las montañas donde el sol derrite la nieve en los meses de verano.

△ La franja de nieves perpetuas y las cambiantes zonas de vegetación pueden notarse claramente en esta vista de la cadena montañosa Teton en Wyoming.

En algunas de las regiones más montañosas del mundo vive gente.

◁ La gente se reúne para el mercado de los sábados en una aldea de Nepal, muy alto en el Himalaya.

▷ Un centro turístico en los Alpes franceses.

▽ La ciudad de La Paz, Bolivia, se encuentra en un altiplano de Los Andes. A 3,630 m (11,909 pies) sobre el nivel del mar, es la capital más alta del mundo.

Las montañas y el clima

Las cordilleras forman enormes barreras a lo largo de la tierra y afectan el clima de las áreas que las rodean. El clima mismo de la montaña varía con la altura.

Los picos de las más altas montañas están cubiertos de nieve aún en el trópico. Frecuentemente asoman a través de las nubes. Los picos pueden ser lugares húmedos y con mucho viento. En el invierno, soplan ventiscas alrededor de las cumbres.

△ **Picos de montañas del Himalaya asoman a través de las nubes. Las nubes se forman al elevarse el aire cargado con humedad.**

Las cordilleras costeras son un buen ejemplo de cómo las montañas pueden afectar el clima de una región.

Los vientos que soplan del océano se levantan y se enfrían a medida que se acercan a las montañas. Como resultado de esto, pierden la mayoría de su humedad sobre las laderas de barlovento (parte de donde viene el viento) en forma de lluvia o nieve.

A medida que los vientos avanzan a través de las montañas, el aire seco desciende y calienta las laderas de sotavento (opuesto a barlovento).

▽ Árboles en forma de cono, que pueden soportar un clima frío, crecen en muchas laderas de montañas. Más arriba del límite superior de la zona de árboles crecen arbustos pequeños, plantas florecientes y varios tipos de pastos. Más arriba aún, crecen líquenes y musgo.

Montañas del fondo del mar

Las montañas no sólo se encuentran en tierra. Grandes cadenas de montañas se levantan del fondo del mar y, en algunos lugares, se abren paso a través de la superficie en forma de islas. Islandia es una de estas islas.

Muchos volcanes se levantan del lecho del mar en los océanos del mundo. Éstos, también, a veces emergen en forma de islas, como Hawai y las Antillas.

△ La Isla Blanca, una isla volcánica en la costa norte de Nueva Zelandia.

26

Vacaciones en las montañas

En los centros turísticos de las
montañas, los turistas disfrutan del
aire fresco, la belleza del paisaje y,
en el invierno, esquían en la nieve.
En el verano, las actividades al aire
libre más populares son las
excursiones a pie, el montañismo y
acampar en las montañas.

Las montañas siempre han sido un
gran reto para las personas que
aman las aventuras. Equipos de
alpinistas con oxígeno y equipo
especial intentan las ascenciones
más difíciles. Desafían las
condiciones más terribles para
alcanzar su objetivo — llegar a la
cumbre.

▽ Con la ayuda de
hachas para hielo y
otros equipos, un
alpinista se dirige a la
cumbre del Monte
Huntington, en Alaska.

La historia de las montañas

Formación de las montañas

Es fácil ver cómo la erosión (el efecto del viento y del agua o de los glaciares) va desgastando las montañas. Pero no es fácil entender cómo éstas se forman porque es un proceso que toma cientos de millones de años.

Los científicos han construido una imagen del interior de la tierra

△ **Un glaciar desciende poco a poco desgastando el terreno lentamente.**

al estudiar los terremotos. La tierra tiene una "piel" rocosa llamada la corteza. Tiene un espesor promedio de 70 km (43 millas). La corteza y la parte superior del manto (la capa debajo de la corteza) están compuestas de enormes secciones llamadas "placas". Estas placas se mueven o flotan en una capa

rocosa a medio derretir que está dentro del manto. Estos movimientos son lentos, no más de unos 10 cm (4 pulgadas) por año. Pero cuando las placas chocan o se separan, liberan grandes fuerzas en la superficie de la tierra. Estas fuerzas son las responsables por los cambios en la corteza terrestre (tanto por el desarrollo de los continentes como por la formación de las montañas).

Plieges y fallas

Las montañas se forman durante millones de años en lugares donde la corteza terrestre se dobla, se arruga o se quiebra. Las cordilleras son grandes plieges que aparecen en la superficie terrestre. Al ocurrir enormes grietas o fallas se forman montañas como enormes bloques de roca que se mueven de arriba a abajo. Las montañas plegadas y las montañas bloque actuales son ejemplos de cómo ocurrió este proceso en el pasado. Estos procesos todavía continúan ocurriendo. Todo el tiempo se están formando nuevas montañas, lentamente, a lo largo de millones de años.

El efecto de las rocas derretidas

Una forma más dramática de formación de las montañas ocurre cuando de debajo de la corteza terrestre sale a la superficie roca fundida que va formando un volcán.

Los volcanes se forman a lo largo de miles de años. Pero una sola

△ La impresión de un artista de la erupción del monte Mazama, en Oregon, hace 7,000 años.

△ Después de la erupción la cima del volcán se ha derrumbado. Hoy en día el profundo hueco se ha llenado con un lago.

erupción violenta puede tener un efecto inmediato en el tamaño de la montaña. Una isla puede aparecer de pronto en el mar cuando la erupción de un volcán en el fondo del océano arroja material que se acumula encima de él hasta llegar a la superficie. O una explosión puede hacer estallar la cima de un volcán cambiando drásticamente su altura y forma.

Erosión

Otro factor que cambia la forma de las montañas es la erosión. Es causada por el efecto del viento y el agua o el hielo que gradualmente desgastan las rocas. La roca erosionada misma, partículas muy pequeñas o grandes fragmentos, es arrastrada por los glaciares y los ríos. Al desplazarse, raspa la tierra, abriendo valles. De tal manera que cuando las montañas nuevas aún se están formando y levantando, también

están siendo desgastadas por los efectos de la erosión.

Por lo general, las montañas se forman de cuatro maneras diferentes. Son formadas por actividad volcánica o por la erosión causada por el viento, el agua o la nieve. También se forman por el movimiento de pliegues y fallas, capas de tierra que son empujadas hacia arriba.

△ Las curiosas estructuras de Monument Valley, en Arizona, son el resultado del desgaste por el viento y el agua, que han gastado las rocas a lo largo de miles de años.

Datos y récords

La más elevada y la más alta

El Monte Everest es la montaña más elevada sobre el nivel del mar del mundo. Pero no es la más alta. Si contamos también las montañas del fondo del océano, el título de pico más alto le pertenece al Mauna Kea, en Hawaii. Este volcán activo se levanta 10,203 m (33,474 pies) sobre el lecho marino del Océano Pacífico. Es 1,355 m (4,445 pies) más alto que el Everest.

¡Avalancha!

Uno de los mayores peligros en las áreas montañosas es el de una avalancha. Es la caída de una masa de nieve, hielo, rocas o tierra. Frecuentemente es repentina y puede tener efectos devastadores para la gente que se encuentre abajo: Villas enteras han sido cubiertas por avalanchas.

Las avalanchas normalmente ocurren cuando masas de nieve o hielo se desprenden y caen por la ladera de una montaña, arrastrando consigo tierra y rocas.

△ **Una avalancha de nieve está cayendo a gran velocidad por una montaña.**

Normalmente en cada localidad hay expertos que pueden decir de acuerdo con las condiciones climáticas cuándo es probable que ocurra una avalancha. En este caso, se ponen letreros de advertencia en el área de peligro o se transmiten por radio.

△ **El pico cubierto de nieve de Monte Kilimanjaro.**

Las nieves del Kilimanjaro

El Kilimanjaro, la montaña más alta de África, se encuentra a apenas unos grados del ecuador, en el norte de Tanzanía. Y, sin embargo, su pico está permanentemente cubierto de nieve. Su clima va desde tropical en su base hasta polar en el pico, que se eleva 5,895 m (19,340 pies) sobre el nivel del mar.

Glosario

Árboles de hoja caduca
Arboles que pierden sus hojas parte del año.

Corteza
El cascarón duro y exterior de la tierra.

Erosión
El desgaste de las rocas y otras partes de la tierra. Es causada por agua corriente, viento, hielo y nieve.

Erupción
Una erupción volcánica ocurre cuando roca fundida, gases y vapor son expulsados a la superficie desde el interior de la tierra a través de un volcán. La lava y las cenizas calientes de los volcanes se amontonan para formar montañas.

Falla
Una fractura de la corteza terrestre a lo largo de la cual se han movido rocas.

Glaciar
Una masa de hielo que, debido a la fuerza de gravedad, baja muy lentamente por un valle profundizándolo y ensanchándolo gradualmente. Este proceso de desgastamiento de la tierra se llama glaciación.

Lava
Roca fundida que es arrojada por un volcán.

Magma
Roca fundida que está debajo de la superficie terrestre.

Montañas de bloque
Montañas formadas por movimientos de la tierra a lo largo de fallas en la corteza terrestre; también son llamadas montañas de bloque de falla.

Montañas de domo o cúpula
Montañas formadas por la fuerza del magma que empuja hacia arriba pero que se solidifica debajo de la superficie terrestre.

Montañas plegadas
Montañas empujadas a la superficie por movimientos de la tierra en forma de un pliegue o cadena de montañas. La mayoría de las cordilleras más importantes del mundo son cadenas de montañas plegadas.

Placas
Grandes secciones de las capas exteriores duras de la tierra que flotan muy lentamente en una capa parcialmente derretida de roca.

Volcanes
Aberturas en la superficie terrestre a través de las cuales es expulsado el material proveniente del interior de la tierra. Las montañas hechas de este material también se llaman volcanes.

Índice